# Das Fühlen der Wirklichkeit

von

Nina Maag

Bibliografische Information der Deutschen Nationalbibliothek: Die Deutsche Nationalbibliothek verzeichnet diese Publikation in der Deutschen Nationalbibliografie; detaillierte bibliografische Daten sind im Internet über http://dnb.dnb.de

abrufbar.

Verlag: BoD · Books on Demand GmbH, Überseering 33, 22297 Hamburg, bod@bod.de

Druck: Libri Plureos GmbH, Friedensallee 273, 22763 Hamburg

ISBN: 978-3-7583-63672

MIX
Papier aus verantwortungsvollen Quellen
Paper from responsible sources
FSC® C105338

# Das Fühlen der Wirklichkeit

von

Nina Maag

Um das Lesen zu erleichtern, habe ich mich entschieden, auf das Gendern zu verzichten.

Das generische Maskulinum wird im üblichen geschlechtsneutralen Sinn verwendet.

**Für Leni**

*Ein Kunstwerk beantwortet keine Fragen, es wirft sie auf. Und die wahre Bedeutung liegt in der Spannung zwischen den widersprüchlichen Antworten.*

Leonard Bernstein

Teil 1 – Bewusst werden

Kapitel

1. Vorwort
2. Einleitung
3. Kosmische Zusammenhänge
4. Darwinismus
5. Männlich und weiblich
6. Sexualität
7. Die weibliche Kraft
8. Dualität
9. Die freie Entscheidung
10. Schattenarbeit
11. Projektionen
12. Konzepte
13. Rollen
14. Die Grundgefühle
15. Emotionen
16. Gefühle und Krankheiten
17. Die drei Körper
18. Gedanken
19. Gedankenschlaufen
20. Der unreife Erwachsene
21. Kommunikation
22. Bindungsmuster
23. Trauma
24. Bindungstrauma
25. Suchtverhalten

26. Der Zyklus von Beziehungen
27. Verletzlichkeit
28. Der göttliche Plan
29. Maria Magdalena
30. Vertrauen
31. Das Netz der Gesellschaft
32. Die neue Zeit
33. Schlusswort

# Teil 2 - Praktische Übungen

## Kapitel

1. Körpergefühl
2. Auszeit am Morgen
3. Atemübungen
4. Dankbarkeitsübung
5. Thymusdrüse klopfen
6. Date mit Dir
7. Persönliche Ziele
8. Visualisierungen
9. Herzöffnung
10. Akzeptanz
11. Energetisch reinigen
12. Loslassen
13. Der Brunnen
14. EMDR - Übung
15. Mann und Frau
16. Der Tresor
17. Der sichere Ort
18. Meditationsübung
19. Wahrnehmung

## Teil 1 – Bewusst werden

**Vorwort**

Meine Kindheit war von emotional instabilen und verwirrenden Beziehungsmustern geprägt.

In der Schule war deshalb Psychologie neben den Sprachen Deutsch und Französisch mein Lieblingsfach. Zeit meines Lebens habe ich mich auch sehr gerne mit Kunst, Kultur und philosophischen Themen beschäftigt.

Nach dem bilingualen Abitur ging ich sehr schnell Richtung Filmproduktion und Filmhochschule, wo ich bald viele meiner Talente erfolgreich als Filmproduzentin einbringen konnte. Die fast dreißig Jahre im Filmbusiness waren für mich ein ungemein lehrreiches Feld in Bezug auf zwischenmenschliche Zusammenarbeit, Führungskompetenz und Kreativität.

Weil das Filmbusiness ein Sammelbecken an komplexen Charakteren ist, braucht man als Produzentin ein gutes Gespür für Menschen und ein Talent für Coaching.

Denn letztlich dreht sich im Filmbusiness alles um Beziehungen, sowohl vor als auch hinter der Kamera.

Demzufolge habe ich mich seit 2009 sehr viel mit Techniken befasst, die helfen, gelernte Muster und Beziehungsdynamiken auf einer tiefen Ebene zu erkennen und in Heilung zu bringen. Dazu gehören unter anderem meine Ausbildung zum systemischen Coach, sowie mehrere Ausbildungen zum Thema Trauma und dessen Auswirkungen auf Beziehungsverhalten, sowie auch mein Wissen über Bindungsmuster und Kommunikation.

Dadurch habe ich eine große Expertise im Aufdecken und Aufschlüsseln von dysfunktionalen Mustern und Bindungsdynamiken bekommen.

Gleichzeitig habe ich unablässig weiter an mir gearbeitet, denn man kann Dynamiken nur in dem Masse entschlüsseln, indem man sie bei sich selbst aufgedeckt hat.

Der Schlüssel für die Heilung liegt immer in der Wahrnehmung der eigenen Gefühle und der Fähigkeit, den eigenen Körper zu spüren. Wenden wir uns unserem Inneren zu, können wir wieder ganz werden.

Dazu brauchen wir Zeit und Ruhe und wir brauchen die Abwesenheit unserer

Gedanken, denn auch unsere Gedanken sind geprägt von Mustern.

Ein ungesunder Lebensstil, der auf viel Arbeit, Besitz, Konsum, Ablenkung oder Süchten basiert, wird inzwischen weitestgehend als normal angesehen.

Dies führt dazu, dass das Miteinander in großen Teilen einer Ellbogenmentalität gewichen ist und das geht massiv zu Lasten der Menschen, die in dieser Gesellschaft leben.

Bindungsverhalten lernen wir von unseren Müttern. Die Art und Weise, wie wir ins Leben gehen, lernen wir von unseren Vätern.

Waren unsere Vorbilder aufgrund von eigener Traumatisierung nicht fähig, uns eine gesunde Form von Miteinander vorzuleben, so leben wir genau das nach.

Zugleich übertragen sich die Muster und Prägungen weiter auf unsere Kinder, unsere Arbeit und damit in die Gesellschaft.

Wie aber können wir diese Muster aufdecken, um zu einem erfüllteren Leben zu kommen? Und warum ist das gerade jetzt so wichtig?

Dieses Büchlein versucht all meine Erkenntnisse und Erfahrungen über Heilung in kurzer und prägnanter Art zu vermitteln.

Den Unterschied macht neben der Erkenntnis und der Übung letztlich auch die Lebensphilosophie: glaube ich an eine positive, höhere Macht und Co-kreiere ich mein Leben oder kämpfe ich um mein Überleben?

Es handelt sich hier um meine sehr persönliche Sichtweise, ohne Anspruch auf absolute Gültigkeit. Viel Spaß beim Lesen!

## Einleitung

Seitdem ich denken kann, beschäftige ich mich mit der Suche nach einer universellen Wahrheit und der Frage nach einem tieferen Sinn in diesem Leben.

Was ist unsere Aufgabe hier und wie kommen wir in einen Zustand des Glücks und der Ruhe, unabhängig von äußeren Gegebenheiten und Einflüssen?

Können wir steuern, wie unser Leben verläuft oder können wir zumindest beeinflussen, wie wir uns in einer bestimmten Situation fühlen und verhalten?

Fast automatisch schieben wir die Verantwortung für einen Umstand und unser Fühlen immer wieder weg von uns auf Andere und geben damit die Macht für unser eigenes Wohlergehen ab.

Doch tatsächlich steuern uns aus dem Unbewussten erst einmal maßgeblich unsere eigenen erlernten Muster, unerlösten Traumata und vor allem unsere immer wiederkehrenden Gedanken Modelle, ohne dass wir es bemerken.

Gerade in Zeiten des kollektiven Umbruchs auf allen Ebenen, wie wir dies seit 2020 erfahren, ist es essenziell, ruhig und klar zu sein und in die Selbstverantwortung zu kommen. Denn aus einem Gefühl der Angst sind wir immer steuerbar.

Wir stehen alle miteinander in Beziehung. Wie gut diese Beziehung zu uns selbst ist, spielt eine maßgebliche Rolle dabei, wie wir fühlen und handeln und damit auch, wie wir die Beziehung zu anderen leben und erleben.

Mit den technischen Möglichkeiten der künstlichen Intelligenz, die sich im Hintergrund rasend schnell entwickelt, sind wir in Zukunft nicht mehr auf hohe Arbeits- Leistungen des Menschen angewiesen.

KI verspricht erstmal, unser Leben zu erleichtern. Doch künstliche Intelligenz in Zusammenspiel mit der Digitalisierung und der Globalisierung birgt auch fundamentale Gefahren für uns alle.

So könnten eine totale Erfassung und Überwachung des Menschen, wie etwa über den digitalen Zugriff auf Bankkonto, Gesundheitsstatus und Lebensführung auch in einer Diktatur münden.

In einem Zeitalter, in dem Bilder und Marketing alles bedeuten und Ehrlichkeit, Transparenz und Authentizität vernachlässigbar werden, müssen wir aufpassen, dass uns unter dem Label der Freiheit nicht eine massive Gehirnwäsche droht.

Eine falsche Realität können wir nur erkennen, wenn wir in unserem Körper geerdet sind. Nur wenn wir uns spüren, und uns unsere eigenen Schatten und Ängste bekannt sind, sind wir nicht manipulierbar.

Die Suche geht zurück zu uns, nach innen, in eine wertfreie Wahrnehmung, Präsenz und Ruhe. Dort ist der wahre Schatz zu finden.

## Kosmische Zusammenhänge

Für mich gibt es auf dieser Erde mehrere kosmische Dynamiken und Zusammenhänge, die man in den folgenden Gesetzen zusammenfassen kann.

<u>Das erste Gesetz:</u>

Die Wahrheit liegt in uns. So sehr wir auch im Außen suchen, die Wahrheit liegt in uns selbst. Wir finden den Anker und den Kompass für unser Leben nur in unserem Körper und im Fühlen.

<u>Das zweite Gesetz:</u>

Alles ist dual, alles hat zwei Seiten. Keine Liebe ohne Hass, keine Sonne ohne Regen, kein Tag ohne Nacht.

Die eine Seite kann nicht ohne die andere Seite existieren. Beide Pole ergeben immer zusammen ein Ganzes.

Die tiefe Akzeptanz der Dualität führt zum Frieden. Dort ist die Einheit, aus der wir kommen. An diesem Ort ist das Glück.

Das dritte Gesetz:

Oben wie unten. Innen wie außen. Unser Umfeld und unser Gegenüber spiegeln uns unsere eigenen unbewussten Anteile.

Sobald wir verstanden haben, dass wir immer das in unser Leben ziehen, was wir selbst sind und die Veränderung nur in uns stattfinden kann, haben wir den ersten Schritt in die Selbstverantwortung getan.

Das vierte Gesetz:

Alles ist mit allem verbunden. Egal was wir tun, wo wir es tun und wann wir es tun - energetisch sind wir alle durch ein großes Netz verbunden. Das bedeutet, jegliches Handeln und Denken hat Auswirkungen auf uns selbst, aber immer auch auf alle anderen.

Die Betrachtung der Welt in einzelnen Segmenten führt uns zu keiner tieferen Erkenntnis. Erst wenn wir verstehen, dass alles zusammenhängt, begreifen wir den Sinn.

So spiegelt eine Krankheit uns oft einen seelischen Schmerz auf der körperlichen Ebene.

Ein auffälliges Kind weist uns auf ein schwieriges Familienfeld hin.

Die Zerstörung unserer Umwelt zeigt auf, wie destruktiv wir mit uns selbst umgehen. Wir versuchen aber die Symptome zu behandeln, anstatt die Ursachen zu heilen.

Das fünfte Gesetz:

Alles auf dieser Welt verläuft zyklisch.

Die Jahreszeiten unterliegen einem Zyklus aus Frühling, Sommer, Herbst und Winter. Die Mondphasen verlaufen zyklisch, unser Bewusstsein dehnt sich zyklisch aus.

Der naturgegebene Zyklus ist gesetzt auf dieser Welt. Die Idee eines linearen Wachstums erscheint unter diesem Aspekt artifiziell.

Das sechste Gesetz:

Alles ist Energie.

Liebe, Geld, Arbeit, Gedanken, Emotionen, Gespräche, Sex - alles ist Energie. Dort, wohin wir unsere Energie ausrichten, entsteht mehr davon. Wollen wir unsere Energie in Liebe, Bewusstheit, Kooperation und

Frieden investieren oder entscheiden wir uns für Separation, Wettkampf, Zerstörung, Krieg?

## Darwinismus

Seit 150 Jahren ist in den Köpfen der Menschen fest die Theorie von Charles Darwin verankert, nach welcher der Stärkere überlebt und die Entstehung der Erde auf einem reinen Zufall beruht.

Die Vorstellung von der Zufälligkeit des Seins hat sich inzwischen zu einer gesellschaftlich kranken Geisteshaltung ausgewachsen. Uns fehlt der Sinn in unserer Existenz.

Neueste Untersuchungen belegen zudem, dass wir nur aufgrund von Zusammenleben, Verbindung, Diversität und gegenseitiger Unterstützung überlebt haben.

Konkurrenz ist nicht von Vorteil. Sie ist von Nachteil, denn die Kräfte werden verschwendet in einem Wettkampf. Wettkampf ist Krieg und verbraucht Ressourcen für Zerstörung.

Ressourcen, die wir jetzt dringend für neue Konzepte des Zusammenlebens benötigen.

Die erfolgreichen Überlebenssysteme in der Natur basieren auf Kooperation. So gibt es viele Pflanzen und Tiere, die voneinander profitieren und dadurch einen gesunden Kreislauf aufrechterhalten.

Auch eine Gruppe wird immer größere Überlebenschancen haben als ein Einzelner. Jeder in der Gruppe deckt andere Talente und Fähigkeiten ab, die zusammen ein Ganzes ergeben.

Wir müssen endlich weg von dem Gedanken der Konkurrenz und der Zufälligkeit unseres Seins und neue Vernetzungen in unserem Denken legen in Bezug auf Kooperation, Sinnhaftigkeit und Miteinander in unserem Leben und in unserer Gesellschaft.

## Männlich und weiblich

Wenn man die Definition von Männlich und Weiblich recherchiert, so stößt man auf sehr viele unterschiedliche Beschreibungen, je nach Kultur, Generation, Religion, Umfeld und Erziehung.

Wir haben also ein Bild von „männlich" und „weiblich", welches wir übernommen haben, ohne die Essenz des Begriffes zu überprüfen.

Beschäftigen wir uns mit der Essenz der Begrifflichkeit, so stellt sich allgemeingültig heraus:

Die weibliche Energie ist fließend, immer in Bewegung und Veränderung. Sie ist weich, aufnehmend, warm, umfangend, nährend und Leben gebend.

*Die Essenz ist warm, körperlich, fühlend und aufnehmend. Verbunden mit der Erde.*

Die männliche Energie ist klar, definiert, ausgerichtet, präsent.

*Die Essenz ist klar, geistig und handelnd. Ausgerichtet auf die höheren Werte.*

**Beide Pole ziehen sich an und ergänzen sich.**

Ohne klaren Halt (männlich) kann nichts fließen (weiblich). Und ohne Bewegung (weiblich) braucht es auch keine

Ausrichtung (männlich). Es ist also ein Tanz, indem sich beide Pole gegenseitig bedingen und zu einem Ganzen verweben.

Idealerweise leben wir beide Prinzipien in uns selbst zu jeweils fünfzig Prozent, vollkommen unabhängig davon, welches Geschlecht wir haben.

Wenn wir das weibliche Prinzip verinnerlicht haben, sind wir tief mit dem Körper und dem Herzen verbunden und können uns öffnen und empfangen.

Wenn wir das männliche Prinzip verinnerlicht haben, sind wir klar ausgerichtet in uns und über den Geist nach oben.

Unsere weibliche Energie wurden Jahrtausende lang unterdrückt. Unsere männliche Energie wurde verdreht interpretiert. Eine gesunde männliche Energie hält der weiblichen Energie den Raum. Sie kämpft nicht.

Trennt man das männliche vom weiblichen wird es starr, leblos, sinnentleert. Trennt man das weibliche vom männlichen, so zerfließt es.

Unser Mutterbild ist entscheidend für unsere Lebensmotivation. Hier liegen der

Ursprung und die Quelle aller Gefühle. Durften wir uns als Kind so ausdrücken und erfahren, wie wir wirklich sind? Dann haben wir Zugang zu unserem schöpferischen inneren Raum, aus dem alles entspringt.

Unser Vaterbild entspricht der Freisetzung unserer inneren Energie. Das, was wir fühlen, darf ausgedrückt und ausgelebt werden. Das Handeln wird zum authentischen Ausdruck dessen, was wir fühlen und damit zum Ausdruck des wahren Willens.

Nur wenn wir unser Fühlen und unser Handeln synchronisieren, haben wir echte Power. Klare und authentische Gefühle lösen automatisch eine kraftvolle Handlung aus. Handlung ohne Gefühl kommt aus dem Kopf und ist vollkommen bedeutungslos.

Im Moment leben wir in einer Welt, in der das männliche Prinzip überrepräsentiert ist und das weibliche Prinzip keinen Raum mehr bekommt. Es kann aber kein gesundes männliches Prinzip geben ohne das weibliche Prinzip, denn beides gehört zusammen.

Die Trennung beider Energien mit der Reduzierung auf das männliche und somit das

geistige und handelnde Prinzip, ist schlicht-
weg falsch.

Die Resultate sind zu beobachten in Form
von zunehmenden Burn-Out, Depressionen,
Angst- Störungen und anderen Krankheiten.

Und sie sind in der Welt zu beobachten in
Form von Überschuldung, Krisen, Kriegen
und der Umweltverschmutzung.

Heilung entsteht erst dann, wenn wir als
Gesellschaft lernen, die Dualität der beiden
Pole gleichwertig in uns zu vereinen.

In einer Gesellschaft in der Ratio, Denken,
Zahlen und Statistik über dem Fühlen steht,
leben wir ein überzogenes männliches Prinzip. In einer Gesellschaft, in der es nur um
Leistung geht, leben wir ein überzogenes
männliches Prinzip. In einer Gesellschaft, in
der Krieg und Wettkampf immer noch als
Stärke deklariert werden und Konfliktlösung
sowie gewaltfreie Kommunikation keine Re-
levanz haben, leben wir ein überzogenes
männliches Prinzip.

## Sexualität

Sexualität ist ein heiliger Akt, in dem zwei Energien miteinander verschmelzen. Ohne Herzverbindung gibt es keine tiefe sexuelle Verbindung.

Auf einer energetischen Ebene werden Informationen zwischen beiden Körpern ausgetauscht, die auch nach der Vereinigung noch bis zu einem halben Jahr im Körper des anderen verbleiben. Es macht deshalb Sinn, seine Partner sorgfältig zu wählen.

Wenn ein Paar miteinander in Einklang ist, funktioniert Sex ohne Worte und ohne Hilfsmittel, die Körper harmonieren. Entspannter Sex ist also auch ein Indikator für die Qualität und die Intensität einer Beziehung.

Sexualität ist die Urenergie, die Leben erschafft. Die Art und der Moment, wie wir unsere Kinder zeugen, bestimmt maßgeblich das Leben des Menschen, der entsteht.

Die weibliche Energie gibt sich hin. Das ist ein Prozess des tiefen Öffnens, Loslassens und Vertrauens. Die männliche Energie ist authentisch und klar in der Ausrichtung, sie hält die Verbindung. Unser Körper ist unser Tempel.

In tiefster Verschmelzung löst sich die Dualität auf. Wir erfahren absolute Einheit in uns und mit dem anderen, die Energien der Körper potenzieren sich. Das Gefühl der Ganzheit erschließt uns neue Ebenen.

Weil Sexualität diese Kraft und Magie hat, wurde sie Jahrtausende lang verdreht, missbraucht, verteufelt und verboten.

Was im Kopf oder in Bildern abläuft ist eine Zerr- Form der Sexualität und entspringt der Angst vor echter Berührung, Begegnung und Intimität.

Sexualität, die nicht mit dem Herzen verbunden ist, hat keine Magie. Sie ist bedeutungslos.

Eine gestörte Sexualität und Fremdbeziehungen entspringen fast immer einer frühen traumatischen Spaltung zwischen Kopf und Herz.

Schuld verhindert Lust. Scham verhindert gesunde Grenzen. Beides brauchen wir, um eine erfüllte Sexualität zu leben.

### Die weibliche Kraft

Die gesunde weibliche Urkraft ist tief verwurzelt mit dem Körper, der Erde und dem alten Wissen.

Eine Frau oder ein Mann, die an ihre weibliche Kraft angebunden sind, blicken hinter die Vorhänge der Seele und konfrontieren angstfrei die tiefsten Schatten.

Es liegt in der Natur der weiblichen Kraft auf allen Ebenen zu transformieren und zu heilen. Nicht immer ist das erwünscht.

Gerade weil die weibliche Kraft diese tiefe Weisheit und Stärke besitzt, wurde sie Jahrtausende lang verfolgt und unterdrückt.

Die weibliche Energie weiß intuitiv, wie sie sich an die Quelle des Lebens anschließen kann.

Die Unterdrückung dieser tiefen weiblichen Weisheit gipfelt im Moment in einer pseudo Emanzipierung, in der Männer und Frauen sich männlich verhalten, ohne der weiblichen Seite Raum zu geben.

Es ist nicht zufällig, dass Leistung, Stress, mentale Überlastung, Zeitmangel und

Körperwahn unsere Gesellschaft dominieren. Wenn Bilder und Worthülsen mehr Wertigkeit bekommen als Fühlen, Intuition und Herzqualität hat die weibliche Stimme keinen Ausdruck mehr in unserer Gesellschaft und es geht uns tief archaisches Wissen verloren.

Wir alle sind steuerbarer, wenn wir nicht im Körper sind, wenn wir nicht fühlen und uns nicht anbinden können an unsere Intuition und Mutter Erde.

Das gilt für Männer und Frauen gleichermaßen und ist vollkommen unabhängig von den äußerlich sichtbaren Geschlechtsmerkmalen.

## Dualität

Es gibt kein Hell ohne Dunkel, keine Freude ohne Trauer. Erst wenn wir zutiefst akzeptieren, dass die Erfahrungen hier auf dieser Welt dual sind, finden wir Ruhe.

Wenn wir das Denken hinter uns lassen und uns auf unseren Körper und unser Herz einlassen, spüren wir, dass die Antwort dort ist, wo alles sein darf – denn Dualität kommt aus der Bewertung. Wenn wir diesen Zustand fühlen, sind wir im Frieden.

Liebe, Frieden, Dankbarkeit und Freude schwingen immer höher als Wut, Angst, Zerstörung oder Hass.

Für welche Schwingung und damit Realität wir uns in unserem Leben entscheiden, liegt bei uns.

## Die freie Entscheidung

Das größte Geschenk in unserem Leben ist die freie Entscheidung, es ist das zentrale Element für unsere Bewusstwerdung.

Jeder Mensch ist von einer Seifenblase umgeben, die ihm seine eigenen Überlebensstrategien, Glaubenssätze, Verletzungen und Prägungen spiegelt. Wir nehmen die Welt durch diese Seifenblase wahr und denken, die Welt ist das, was wir sehen.

Tatsächlich projizieren wir aber unsere Erfahrungen und Glaubenssätze auf das, was wir erleben.

Wir können uns auch einen riesigen Eisberg vorstellen, dessen Spitze nur zu zwei Prozent aus dem Wasser ragt. Diese Spitze, die aus dem Wasser ragt, ist unser bewusstes Handeln. Es ist das, was wir steuern können. Der Rest des Eisbergs ist unter Wasser und nicht sichtbar. Es „steuert uns", ohne dass wir das mitbekommen.

Je mehr unser Handeln und Denken von übernommenen Mustern und Glaubenssätzen gesteuert wird, desto unbewusster sind wir. Wenn wir uns dafür entscheiden, diese Muster zu hinterfragen und aufzulösen, gehen wir in die Selbstermächtigung, wir werden frei.

Da auf dieser Welt alles dual ist, haben wir als Menschen immer eine Entscheidung zu treffen. Hell oder Dunkel. Angst oder Liebe. Denn wir existieren nicht nur, um zu überleben, wir dürfen selbst entscheiden, wohin wir uns ausrichten und woran wir glauben.

## Schattenarbeit

Wir erzählen uns Geschichten, um zu lernen. Das ist ein uraltes menschliches Ritual.

Die Helden der Geschichte dienen uns als *Vorbilder.*

Viele erfolgreiche Romane, Filme, Videospiele und Mythen lassen sich auf die Heldenreise nach Joseph Campbell zurückführen*. Das ist die archetypische Grundstruktur einer Geschichte, die folgendermaßen abläuft:

1. Der Held ist in seiner gewohnten Welt
2. Eine Aufgabe oder ein Abenteuer ruft
3. Der Held zögert, dem Ruf zu folgen
4. Der Held trifft auf einen Mentor, der ihn bestärkt, das Abenteuer anzutreten
5. Der Held überschreitet die erste Schwelle, nach der es kein Zurück mehr gibt
6. Erste Prüfungen
7. Der Held trifft auf Verbündete
8. Vordringen unseres Helden bis zum tiefsten Punkt, das Konfrontieren der eigenen Schatten
9. Der Schatz wird geborgen
10. Rückkehr

11. Wandel des Selbst durch die be-
    standene Aufgabe
12. Der Rückkehrer wird zu Hause mit
    Anerkennung belohnt
13. Der Held erhält den Ruf nach einem
    neuen Abenteuer

Bewusstwerdungs- Prozesse laufen nach genau diesem Muster ab.

Wir können unsere schmerzhaften Muster, Traumata, Glaubenssätze und Verletzungen nur heilen, wenn wir sie konfrontieren und spüren.

Wenn wir unsere „Schattenarbeit" geleistet haben und uns getraut haben, unseren eigenen Dämonen zu begegnen, entsteht mehr Bewusstsein und Liebe.

Schatten sind nichts anderes als vergrabene Verletzungen. Meistens enthalten sie alte Gefühle aus Angst, Schmerz, Wut oder Scham, die wir nicht ausdrücken durften.

Wenn wir uns trauen, diese vergrabenen Gefühle hochzuholen, um sie noch einmal durchzufühlen, erlösen sie sich. Aus Schatten wird Licht. Aus dem Dämon wird eine Kraft.

Tiefe Bewusstwerdung ist nicht über den Kopf steuerbar. Alles, was rational abläuft, ist immer noch ein Schutz- Filter vor der wahren Konfrontation mit dem Körper und dem Fühlen. Erst wenn wir unserem Fühlen und unserem Körper Zeit geben, das Erlebte zu verarbeiten, können sich alte Muster auflösen und heil werden.

Indem wir uns Zeit und Raum geben, atmen und uns in unserem Körper erden, spüren wir die Signale des Körpers. Er zeigt uns immer die Richtung. Dort ist unsere Wahrheit.

Jedes Gefühl, welches im Prozess hochkommt, darf sein. Es wird akzeptiert und angenommen. Die Annahme der Gefühle ist der Schlüssel für die Transformation.

## Projektionen

Schämen wir uns für unsere eigenen Schatten, anstatt sie zu akzeptieren und zu integrieren, so müssen wir diese auf unsere Umwelt projizieren.

Im Grunde spiegelt uns die Umwelt uns selbst, denn wir nehmen das Umfeld immer durch unseren eigenen Filter wahr.

Erst wenn wir erkennen, dass jede Bewertung im Außen mit uns selbst zusammenhängt, können wir die Schatten auflösen.

Jedes Ereignis im Außen und jeder Partner spiegelt uns immer nur die eigenen unbewusste Anteile. Arbeiten wir an uns, so verändert sich die Wahrnehmung im Außen.

## Konzepte

Das Ego ist gleichzusetzen mit einem Konzept oder mit einem Bild von uns, welches wir kreiert haben, um uns zu schützen. Auf einer tieferen Ebene verbergen wir dahinter unsere Verletzlichkeit. Es gibt unendlich viele Konzepte und Bilder unseres Selbst, die wir leben können.

Diese Konzepte und Bilder zu decodieren und hinter sich zu lassen, ist sehr schmerzhaft. Denn jedes Konzept von uns verspricht uns erst einmal Sicherheit. Wir identifizieren uns mit einem Bild von uns und das gibt uns Stabilität. Lösen wir das Konzept auf, entsteht Angst und Unsicherheit.

Doch ein Konzept ist niemals unser Wesenskern. Hinter den Bildern und Konzepten von uns ist immer die Wahrheit und die Liebe verborgen. Dort ist kein Schmerz.

Lösen wir unsere Konzepte und Bilder nicht auf, werden wir unberührbar, hart und somit unfähig echte Begegnung und Intimität zu zulassen.

## Rollen

Drei sehr beliebte Schatten Konzepte sind die Täter, Opfer und Retter Rolle. Letztlich sind die Rollen austauschbar.

Der Täter greift an. Es kann aber auch eine Person sein, die sehr handlungs- und lösungsorientiert ist. Der Täter ist nicht in Kontakt mit seinen Gefühlen und auch nicht in Kontakt mit den Gefühlen seines Gegenübers.

Das Opfer erscheint hilfsbedürftig. Häufig finden wir hier Menschen, die sich ständig schuldig fühlen, klein machen und wenig

Verantwortung für ihr Leben übernehmen wollen. Aber auch das Opfer ist nicht in Kontakt mit seinen Gefühlen, sonst würde es Verantwortung übernehmen und die eigenen Handlungen verändern.

Der Retter ist ein Mensch, der gerne anderen hilft, sie unterstützt und gebraucht wird. Dadurch muss er seinen eigenen Schmerz nicht spüren. Auch der Retter ist nicht in Kontakt mit seinen Gefühlen.

Alle drei Rollen verhindern unsere Authentizität und Berührbarkeit und damit Intimität und echte Begegnung. Die Rollen können jederzeit innerhalb einer Konstellation wechseln. Hinter den Rollen verbirgt sich immer der wahre Wesenskern einer Person.

### Die Grundgefühle

Angst, Freude, Trauer, Wut und Scham sind Grundgefühle. Jedes dieser Gefühle spielt eine zentrale Rolle für unser Überleben.

Angst warnt uns vor Gefahr. Freude treibt uns an und gibt uns die Richtung vor. Trauer hilft uns, Abschied zu nehmen und loszulassen. Wut ist wichtig, um uns abzugrenzen und Scham lässt uns unser Verhalten hinterfragen und gegebenenfalls neu anpassen.

Scham schwingt sehr tief. Wenn uns die Scham blockiert, können wir nicht heilen. Denn gesunde Scham ist das elementare Gefühl, um sich zu verändern und zu wachsen.

Wenn eines oder mehrere Gefühle blockiert sind, weil sie als Kind nicht erlaubt waren, so fließt die Energie dieses Gefühls oft in ein anderes Gefühl. Aus Trauer wird dann zum Beispiel Wut.

Da wir eine Gesellschaft sind, die auf Denken trainiert wurde, ist der Zugang zum Fühlen oft versperrt und wir müssen den Weg erst einmal wieder „freischaufeln".

Das gelingt am besten durch Ruhe, Natur, Spazieren, bewusstes Atmen und Yoga.

Wenn wir uns wieder fühlen, sind wir mit unserem Körper und der Erde verbunden. Nur dann können wir den richtigen Kurs in unserem Leben halten. Das Fühlen ist also der Kompass für unser Leben.

Fühlen wir uns von den Gefühlen anderer Menschen bedroht, fühlen wir uns eigentlich von unseren eigenen Gefühlen bedroht. Denn Gefühle machen uns nur dann Angst, wenn wir unsere eigenen Gefühle nicht kennen.

Erst wenn Männer und Frauen gleichermaßen wieder lernen zu fühlen, werden wir in einer gesunden Gesellschaft leben. Denn die Grundlage für ein glückliches Leben ist immer der Kontakt zu unserem Fühlen und zu unserem Körper.

## Emotionen

Emotionen sind Gefühle, die mit einer Wertung belegt wurden oder auch übernommene Gefühle von anderen.

Ein Gefühl fühlt sich immer sehr klar an und ist in direktem Zusammenhang mit einem Ereignis. Unser Körper reagiert kongruent zu dem Gefühlszustand.

Liegt auf dem Gefühl eine Blockade wie Wut über Trauer oder Scham über Wut, so entsteht eine Vermischung von mehreren Gefühlen zu einer Emotion, was sich eher unangenehm und verwirrend anfühlt.

Feinspürige Menschen können die Gefühle ihres Umfeldes wahrnehmen. Häufig sind das die Gefühle ihrer Partner oder Familienmitglieder. Es ist dann schwierig, zu unterscheiden, ob es sich um ein eigenes Gefühl oder das Gefühl einer anderen Person handelt.

Je bewusster wir in Bezug auf uns selbst werden, umso klarer wird hier die Unterscheidung. Emotionen haften an. Wir tendieren deshalb dazu, unseren Körper zu verlassen.

Gefühle sind sehr klar in Resonanz mit uns und unserem Körper und erden uns in uns selbst.

Bei starken Emotionen hilft es, sehr bewusst Abstand von der Emotion zu nehmen, zu atmen, sich zu erden und alle eigene Energie in sich zu bündeln.

**Gefühle und Krankheiten**

Da Gefühle eng mit dem Körper verknüpft sind, können sich nicht ausgelebte Gefühle in körperlicher Krankheit ausdrücken. Ohne Fühlen keine Heilung.

Louise Hay* hat sich intensiv mit den Zusammenhängen zwischen körperlicher Krankheit und deren emotionalen Ursprüngen beschäftigt und dazu Weltbestseller geschrieben.

Dissoziation ist die komplette Abspaltung von Gefühlen aufgrund nicht verarbeiteter Traumata. Depression ist gleichbedeutend mit nicht mehr fühlen können. Wir haben verlernt, authentisch zu fühlen.

## Die drei Körper

Wir haben einen physischen Körper, einen emotionalen Körper und einen geistigen Körper. Alle drei Körper sind miteinander verbunden.

Je mehr Bewusstsein wir erlangen, umso harmonischer schwingen unsere drei Körper zusammen.

Über allem schwebt unsere Seele, die sich immer wieder neu inkarniert, um zu lernen und sich dadurch zu erweitern.

Wir halten den physischen Körper gesund mit genügend Schlaf, gesundem, biologischen Essen, viel frischer Luft, ausreichend Flüssigkeit, täglicher Bewegung und dem Verzicht auf Alkohol, Zucker, Fleisch und Drogen.

Wir halten unseren emotionalen Körper gesund, indem wir unserem FÜHLEN Raum geben, uns aber nicht von unseren Gefühlen dominieren lassen.

Wir halten unseren Geist gesund, indem wir positiv denken, denn unser Wohlbefinden wird auch maßgeblich von unseren **Gedanken** gesteuert.

Hier liegt ein entscheidender Schlüssel, denn was wir denken, kreiert wiederum ein Gefühl und das hat dann wieder Auswirkungen auf das Wohlbefinden in unserem Körper.

## Gedanken

Täglich denken wir zwischen 60.000 - 80.000 Gedanken, und zwar zu 95 Prozent immer wieder dasselbe. Damit schöpfen wir nur maximal fünf Prozent unseres geistigen Potentials aus.

Diese Gedankenmuster sind konditioniert durch unsere Erziehung, Bildung, Erfahrung und Prägung. Dadurch, dass wir immer wieder dasselbe denken, versperren wir uns neue Denk- Wege.

Durch eine distanzierte Position zu den eigenen Gedanken bekommen wir Abstand und können unsere erlernten Denkmuster beobachten und sie danach bewusst in eine neue, positive Richtung lenken.

Um in einer vollkommenen Gedankenstille zu sein, versuchen wir in einen Zustand des Hier und Jetzt zu kommen. Da wir nur in die Zukunft oder in die Vergangenheit denken können, schließt das im JETZT sein das Denken aus.

## Gedankenschlaufen

Bei traumatischen Erlebnissen finden bestimmte chemische Ausschüttungen im Körper statt.

Haben sich traumatische Ereignisse in unserer Kindheit wiederholt, so wird der Körper auf diese chemische Ausschüttung „programmiert".

In späteren Jahren verlangt der Körper dieselbe Ausschüttung, auch wenn die Ereignisse aus der Kindheit vorüber sind.

Um diese Ausschüttung im Erwachsenenalter konstant zu halten, gibt es viele Möglichkeiten: anhaltender Arbeits- Stress, zu viel Sport, Nikotin, Aufputschmittel, Drogen. Besonders interessant sind dabei aber unsere Gedanken.

Offensichtlich stimulieren wir mit unseren negativen Gedanken die chemische Ausschüttung in unserem Körper, so dass wir wieder auf den „Stress-Pegel" in unserem Körper kommen, auf den wir programmiert wurden.

Es kann demnach eine körperliche Sucht nach negativen Gedankenmustern geben.

Um diesen Kreislauf zu durchbrechen können wir Abstand nehmen und meditieren. Ohne Gedanken sind wir im Jetzt. In dieser Gedanken- Stille erfahren wir Entspannung und veranlassen dadurch eine neue chemische Ausschüttung im Körper.

Je öfter wir unserem Körper diesen neuen „Cocktail" anbieten, umso mehr gewöhnt er sich an das neue Gefühl der Ruhe und Entspannung und umso weniger verlangt er nach Stress und negativen Gedankenmustern.

Die Ausrichtung unserer Gedanken ist also das Zentrum der Regulation unseres Wohlbefindens.

Dieses Wissen wird inzwischen sehr bewusst von den Medien angewendet, wir werden gedanklich permanent in einer negativen Stress- und Angstspirale gehalten.

Das wiederum blockiert das bewusste Ausrichten der eigenen Gedanken in eine positive Richtung und damit in eine kreative Lösung der Situation.

Es empfiehlt sich deshalb dringend auf Detox zu gehen von negativen Nachrichten.

**Der unreife Erwachsene**

In der Kindheit waren wir komplett angewiesen auf das Verhalten und die Liebe unseres Umfeldes und konnten nicht eigenmächtig entscheiden und handeln.

Wurden unsere Bedürfnisse nicht bemerkt oder erfüllt oder waren wir bedroht, haben wir uns als Kind eine **Lösungsstrategie** zurechtgelegt. Dieses Verhalten hat uns als Kind unser Überleben gesichert.

Als Erwachsener wenden wir häufig weiterhin diese Strategie an, obwohl es inzwischen eine bessere Lösung geben würde.

Ein Kind, welches sich anpassen musste, um Aufmerksamkeit und Liebe zu bekommen, hat gelernt, dass es seine Bedürfnisse unterdrücken muss, um eine Daseins Berechtigung zu haben. Es wird als Erwachsener alle eigenen Bedürfnisse hintenanstellen.

Ein Kind, welches gelernt hat, zu funktionieren, um geliebt zu werden, wird als Erwachsener immer weit über seine Grenzen leisten, um Anerkennung zu bekommen.

Ein Kind, welches gelernt hat, dass es nur Aufmerksamkeit bekommt, wenn es wütend oder unangepasst ist, wird dieses Verhalten auch im Erwachsenenalter wiederholen.

Ein Kind, welches gelernt hat, dass es ausgegrenzt wird, wenn es Gefühle zeigt, wird versuchen, alles im Leben zu rationalisieren, um nicht verspottet zu werden.

Hier in die Selbstverantwortung zu gehen und zu erkennen, dass unser Verhalten von einer alten Verletzung dominiert wird, die längst vorbei ist, ist erwachsen. Erst dann sind wir frei, so zu sein, wie wir sind.

## Kommunikation

Anzeichen für toxische Beziehungsstrukturen sind bestimmte **Kommunikationsmuster.** Da es unmöglich ist, nicht zu kommunizieren, sind die Kommunikationsmuster ein verlässlicher Hinweis auf die Qualität einer Beziehung und eines Gespräches.

Es ist hilfreich, auf die eigenen Körpersignale zu achten. Stimmt etwas nicht, so haben wir meistens klare körperliche Anzeichen, die wir sehr ernst nehmen sollten.

Gleichzeitig sollten wir immer überprüfen, ob wir uns selbst an die Regeln der Kommunikation halten.

Der amerikanische Psychologe Marshall B. Rosenberg* hat schon zu Zeiten der

Bürgerrechtsbewegung das Konzept der gewaltfreien Kommunikation entwickelt, welches 1983 Einzug in unsere öffentliche Wahrnehmung gefunden hat, und eine empathische und authentische Kommunikation lehrt.

Die gewaltfreie Kommunikation nach ©Marshall B. Rosenberg enthält folgende vier Schritte:

1. Wertfreie Beschreibung der Situation oder Handlung

2. Gefühle werden in Ich- Botschaften ausgedrückt

3. Die Bedürfnisse, die hinter den Gefühlen stecken, werden formuliert

4. Es folgt eine Bitte um eine konkrete Handlung, die ehrlich und in einem angemessenen Ton formuliert wird

Diese Kommunikationsform kann jeder erlernen.

Sind wir fähig, unsere Gefühle und Bedürfnisse auszudrücken? Sind wir gewillt, nach Konflikten gemeinsam eine Lösung zu finden? Fühlt sich unser Gegenüber von uns gesehen und verstanden? Dann haben wir einen guten Kommunikationsstil.

In einer Beziehung findet authentische Kommunikation statt, wenn beide Partner mit schwierigen Gefühlen wie Trauer, Wut und Schmerz umgehen können und trotzdem füreinander da sind. Bei guter Kommunikation geht es darum, Emotionen gemeinsam zu bewältigen, auch wenn es schwer ist.

## Bindungsmuster

Bindungsmuster sind alte, übernommene Strukturen, die wir als Kind erlernt haben und nun wiederholen.

Weil uns die emotionale Dynamik, in der wir aufgewachsen sind, so vertraut ist, ziehen wir die bekannte Struktur unbewusst immer wieder von Neuem in unser Leben.

Es ist höchst erstaunlich, wie präzise wir uns unbewusst immer wieder exakt dieselbe Struktur oder dasselbe Muster suchen.

Sind wir in toxischen Familien aufgewachsen, suchen wir uns auch wieder toxische Strukturen in unseren Beziehungen oder in unserem Arbeitsumfeld.

So wird sich ein Mensch, der in seiner Kindheit misshandelt wurde, eventuell in eine ungesunde Liebes- oder Arbeitsbeziehung begeben ohne das Wissen, wie er sich abgrenzen kann. Das gilt es jetzt zu lernen.

Denn durch die Wiederholung des alten Musters haben wir auch die Möglichkeit zu heilen. Wir haben dann die Chance, das alte Muster zu verlassen, indem wir uns die Dynamik dahinter bewusst machen.

Ist das Gefühl so übermächtig, dass wir körperliche Reaktionen haben und unser Verhalten nicht mehr steuern können, weil wir uns emotional in einem Tunnel befinden, handelt es sich meistens um ein **Trauma**.

## Trauma

Ein **Trauma** (griechisch: Wunde) ist ein belastendes Ereignis oder eine Situation, die von der betreffenden Person nicht bewältigt und verarbeitet werden konnte. Oft ist das ein Resultat von Gewalteinwirkung physischer oder psychischer Natur.

Bildhaft lässt sich Trauma als eine „seelische Verletzung" verstehen. Das Ereignis wird zum Schutz unseres Wohlergehens abgekapselt und dann im Kopf abgespalten („dissoziiert").

Rein biologisch haben wir in einer existentiell bedrohlich erlebten Situation mehrere Möglichkeiten: Angriff, Flucht, Erstarren, Anpassung. Man kann das auch im Tierreich beobachten.

Die menschliche Psyche spaltet existentiell bedrohliche Erlebnisse, auf die sie nicht angemessen reagieren konnte, ab.

Ein Trigger kann dann das damals erlebte Gefühl in einer ähnlichen Situation wieder neu aktivieren, ohne dass der Zusammenhang bewusst ist.

Auch wenn die auslösende Situation in einem komplett anderen Kontext steht, genügen Geräusche oder Gerüche, um uns in den emotionalen Zustand des damals erlebten Ereignisses zurückzuversetzen.

Es entstehen Reaktionen wie massive Ängste, Ohnmachtsgefühle, Verwirrung und Kontrollverlust, die in dem gegebenen Kontext nicht mehr nachvollziehbar sind.

Das kann Scham und Unsicherheit kreieren, da wir die Emotionen nicht zuordnen können. Für Heilung ist es jedoch elementar, dass wir unser eigenes Verhalten verstehen.

Da das damals Erlebte abgespalten ist und uns somit aus dem Unterbewussten zu einem Verhalten bringt, welches unangemessen ist und uns selbst oder unser Gegenüber gefährden und verletzen kann, sollte Trauma in Therapien eine viel höhere Aufmerksamkeit bekommen.

In einer Trauma Therapie kann man sehr behutsam die verschiedenen Persönlichkeits- Anteile, die sich durch die Traumatisierung abgespalten haben, wieder bewusst machen und integrieren.

Auch hier handelt es sich um einen Prozess der Bewusstwerdung und Integration. Da Trauma sich häufig nur über körperliche Symptome und Dissoziierung bemerkbar macht, ist es schwierig, den Prozess ohne fachkundige Begleitung zu machen.

Trauma kann zu Psychose, Sucht und Depression führen. Die Schulmedizin verschreibt immer noch viel zu schnell Medikamente, anstatt an die Wurzel der Verletzung zu gehen.

In dem Zusammenhang möchte ich darauf hinweisen, dass Trauma über mehrere Generationen vererbt werden kann.

Gabor Mate* hat hervorragende Bücher über Trauma, seine Auswirkungen auf Gesellschaft und Beziehungen und Trauma und den Zusammenhang von Sucht geschrieben.

Starkes Trauma bewirkt, dass die Menschen ihren Körper verlassen, um den emotionalen Schmerz nicht spüren zu müssen. Sie bleiben dann im Kopf hängen, um nicht mehr zu Fühlen. Fühlen ist aber unser Realitätsabgleich. Somit entsteht eine Spaltung in der Wahrnehmung der Signale zwischen Kopf und Körper.

## Kaiserslautern und seine traumatisierten US Soldaten

In Kaiserslautern berichtete mir ein traumatisierter US Soldat, der beruflich schwer verletzte Soldaten aus Afghanistan nach Europa ausgeflogen hatte, dass er nicht mehr fähig sei, zu arbeiten oder eine Beziehung zu führen. Jedes laute Geräusch und jede Form von Stress konnten ein Trigger sein.

Es gab unzählige Situationen, Geräusche und Gerüche, mit denen er nicht mehr umgehen konnte. Zudem wachte er jede Nacht schweißgebadet auf, nachdem er sein zerknäultes Bettlaken für einen verletzten Soldaten hielt, den es zu retten galt.

Ein auf Trauma trainierter Hund war unablässig an seiner Seite, um ihn jede Nacht von Neuem aus seinen nicht endend wollenden Alpträumen zu wecken, indem er liebevoll über sein Gesicht leckte.

Ohne Therapie war der Soldat in der Welt des Grauens hängengeblieben. Sein System hatte das Erlebte abgespalten, doch die Bilder tobten nachts im Kopf weiter... er selbst schien gar nicht mehr anwesend.

## Bindungstrauma

Handelt es sich um ein Bindungstrauma, sind die Auslöser oft subtiler.

Bindungstrauma entsteht in einem frühen Alter, in dem wir als kleine Kinder auf die Liebe und Fürsorge unserer Eltern angewiesen sind und diese aus irgendeinem Grund nicht erhalten haben.

Dies führt oft zu ambivalenten oder vermeidenden Bindungs- Verhalten, sowie zu Angstzuständen, Stress oder Wutausbrüchen in Beziehungen. Weitere Auswirkungen können Psychosen sein, Alkohol- oder Drogenmissbrauch, Angstzustände, selbstzerstörerisches Verhalten oder Depressionen.

Unser Bindungsstil wird maßgeblich über unsere erste Bindungsperson, in der Regel die Mutter, geprägt.

Menschen mit vermeidendem Bindungsstil haben schwer Zugang zu ihren Gefühlen und gehen davon aus, sich nicht auf andere verlassen zu können. Gefühle lösen bei ihnen Scham aus und werden als Schwäche interpretiert.

Dahinter steht der Glaubenssatz: Ich werde nur toleriert und angenommen, wenn ich keine Gefühle zeige.

Menschen mit ambivalenten Bindungsstil haben Angst vor Beziehung. Das führt zu einem Verhalten, welches permanent zwischen Nähe und Distanz schwankt, um die Beziehung unter Kontrolle zu halten.

Interessanterweise ziehen sich in Beziehungen oft Partner an, die in einem ähnlich starken Masse traumatisiert sind und zudem gegensätzliche Auslöser haben.

Beispiel: Ein Mann wurde als Kind eingesperrt und seitdem bereiten ihm geschlossene Türen maximales Unwohlsein. Seine Partnerin hatte einen übergriffigen Vater und braucht deshalb eine geschlossene Tür, um sich sicher zu fühlen.

Auf rationaler Ebene ist dieser Konflikt sehr schnell geklärt. Da wir aber bei Trauma vollkommen irrational reagieren, weil das Gefühl dazu lebensbedrohlich ist (lebensbedrohlich, weil wir die Situation als Kind so empfunden haben und das Gefühl zu dieser Situation so abgespeichert ist), werden die beiden Partner jeweils um die Tür streiten, als ginge es um Leben oder Tod.

Wenn wir begreifen, dass sich traumatische Muster besonders in Beziehungen zeigen, da hier tiefe Emotionen involviert sind, verstehen wir, warum sich Paar- Konflikte oft nicht auf einer rationalen Ebene lösen lassen.

## Suchtverhalten

Unterdrückte Gefühle und unverarbeitetes Trauma erzeugen ein permanentes Unwohlsein und eine hohe Spannung im Körper. Alkohol, Arbeit, Drogen aber auch übermäßiger Sex, Sport oder extremer Konsum können Lösungsversuche sein, dieses Gefühl im Körper zu überschreiben.

Laut Gabor Mate sind 95 Prozent aller drogensüchtigen Menschen traumatisiert.

Wenn wir dem Schmerz aber ausweichen, indem wir uns betäuben, verweigern wir Wachstum. Jede Heilung braucht das Fühlen im Körper.

Eine Sucht ist immer der Versuch, den Schmerz zu betäuben und die Leere in sich mit etwas anderem zu füllen. Doch der Körper wird immer mehr von dem Substitut benötigen und der negative Verlauf ist bekanntermaßen vorgegeben. Nicht Fühlen wollen verhindert die Heilung.

Letztlich ist Sucht die Abwesenheit einer Verbindung zu sich selbst, also zum eigenen Fühlen.

Es ist bezeichnend, dass Alkohol in den meisten europäischen Ländern nach wie vor legal ist. Die Auswirkungen auf die körperliche und seelische Gesundheit sind massiv und der Suchtfaktor ist ähnlich hoch wie bei allen anderen Drogen.

Auch übermäßiger Konsum kann zu Suchtverhalten werden.

Die Erfüllung eines Wunsches ist mit einem kurzen Glücksgefühl verbunden. Aber schon nachdem man den gekauften Gegenstand in den Händen hält, verschwindet das Hochgefühl.

Das System des Kapitalismus profitiert von der emotionalen Spirale der Kaufsucht, zumal in unserer Gesellschaft Konsum mit Freiheit, Erfolg und Selbstliebe gleichgesetzt wird. Hier verzerrt sich einmal mehr die Wahrnehmung von gesundem Verhalten.

## Der Zyklus von Beziehungen

Selbst unser Beziehungsverhalten ist inzwischen dem Konsumwahn anheimgefallen. Funktioniert eine Beziehung nicht mehr, schaut man auf der Plattform nach dem nächsten Partner und „wirft" die alte Beziehung weg.

Diese Möglichkeit inkludiert den Gedanken, dass Partnerschaften austauschbar sind, wie Supermarktware und nimmt uns die Chance auf Wachstum.

Beziehungsarbeit ist aber ein tiefer Heilungs- und Seelenprozess.

Steigen wir aus dem Prozess aus, verweigern wir in Wahrheit unsere Entwicklung. Wir bekommen dann vom Universum einen neuen Partner, mit dem wir wieder an genau demselben Thema landen.

Da unser Verhalten in Beziehungen und unsere Fähigkeit, sich tief einzulassen, nicht nur unseren Partner betrifft, sondern auch die Fähigkeit spiegelt, uns auf uns selbst, auf unseren Körper sowie auf das Leben einzulassen, lässt sich allgemeingültig sagen, dass ein beziehungsfähiger Mensch im Leben glücklicher, freier und erfolgreicher ist.

Die Zeit des Kennenlernens entspricht der Samenlegung. Die Anfangsphase einer Beziehung nimmt vorweg, was wir in dieser Beziehung lernen und erfahren dürfen. Gleichzeitig ist diese Phase die Verliebtheitsphase, die uns die möglichen Höhen anzeigt, die wir in dieser Beziehung erleben können.

Nach einem Jahr kommen meistens erste Schwierigkeiten auf, der Schleier der Verliebtheit ist weg und man stößt auf die Realität, welche oft erst einmal mit Enttäuschungen, Wut und Streit einhergeht.

Hier geht es darum zu verstehen, dass der Partner die eigenen tiefsten Ängste und Schatten spiegelt, die Du jetzt konfrontieren darfst. Viele unserer Muster und Traumata zeigen sich sehr deutlich auf der Beziehungsebene.

In diese Zeit fallen oft auch Machtkämpfe. Bei traumatisierten Paaren verhaken sich die Trigger. Alte Muster und Strategien kommen hoch.

Keine Beziehung kommt um dieses Kapitel herum. Hier gilt es, vollkommen bei sich zu bleiben und sich immer wieder klarzumachen, dass der Partner genau deshalb im Feld ist, weil wir mit ihm in Resonanz sind und in der Beziehung mit ihm wachsen können.

Wen auch immer wir angezogen haben, es geht darum, für uns etwas zu lernen.

Schuldzuweisungen und Machtkämpfe sind, wenn möglich, zu vermeiden. Nicht passende Partner ziehen irgendwann ohne Drama weiter.

Denn nach jeder Schattenarbeit kommt eine neue Hochphase in der Beziehung, die uns noch tiefer zueinander finden lässt. Bei all dem gilt es zu verstehen, dass unser Partner uns der beste Spiegel ist, um uns selbst immer näher zu kommen.

Das Wesen einer Beziehung verläuft zyklisch, wie alles auf dieser Erde. Wir bewegen uns in Spiralen immer weiter aufeinander zu. Es gibt Zeiten der Nähe und Zeiten der Distanz. Das gemeinsame Ziel ist jedoch immer die Liebe und die Begegnung.

Beziehungsprobleme basieren auf eigenen ungelösten Themen aus der Ursprungsfamilie. Der Partner hat oft ähnlich passende Themen dazu.

Dreierbeziehungen entspringen meistens einer tiefen Spaltung zwischen Herz und Kopf.

Absoluter Vordenker auf dem Gebiet für Beziehungen und Sexualität ist Chuck Spezzano*, Doktor der Psychologie, Bestseller Autor und Visionär.

Spezzano hat schon früh erkannt, dass gerade in Beziehungen die tiefsten emotionalen Transformationen passieren können.

**Verletzlichkeit**

Emotionale Entwicklung kann nur über unsere Verletzlichkeit erfolgen. Je transparenter wir unsere Verletzlichkeit zeigen können, umso grösser ist die Chance auf Heilung und Entwicklung. Ohne Verletzlichkeit bleiben wir in alten Mustern und Konzepten gefangen.

Alle Konzepte und Muster entspringen einem Versuch, sich zu schützen. Wir bauen Panzer um uns herum auf, um nicht verletzt zu werden.

Diese Panzer verhindern jedoch echte Begegnung und Nähe. Das Wesen einer erwachten Beziehung entspringt der Idee, gemeinsam alte Panzer abzulegen und sich offen und verletzlich zu zeigen, um somit dem anderen authentisch begegnen zu können.

**Der göttliche Plan**

Nichts in diesem Leben passiert einfach so. Es gibt in jedem Erlebnis, jedem Erfolg, jedem Unglück und jeder Krankheit eine Resonanz zu unserer Geschichte. Es geht also darum, die Botschaften des Lebens lesen zu lernen.

Je mehr sich unser Handeln vom großen göttlichen Plan entfernt, desto heftiger wird die kosmische Regie eingreifen, um alles wieder in richtige Bahnen zu bringen. Dabei ist Gott gleichzusetzen mit Naturgesetz.

Je mehr Entscheidungen wir aus dem Herzen und aus dem Fühlen treffen, desto besser geht es uns und umso weniger bedarf es einer Korrektur im Außen. Die Richtung spüren wir immer im Körper.

Wir können an eine größere Macht glauben, die uns den Weg zeigt oder wir können in der Kontrolle bleiben und versuchen, selbst Gott zu spielen.

Meiner Meinung nach hat jede Seele eine Aufgabe in dieser Welt: zu wachsen durch Erfahrung. Für welche Aufgabe wir uns entschieden haben, wissen wir nicht. Sie erfüllt sich aber immer durch unser Leben.

Jede unterschiedliche Erfahrung macht das Universum unendlich reicher, unabhängig davon, wie diese Erfahrung ist. Die Bewertungen dazu passieren nur in unserem Kopf.

Wenn wir das Universum als einen Kosmos begreifen, in dem alles möglich ist und in dem wir ein winzig kleiner Teil eines riesigen Ganzen sind, ist unsere persönliche

Erfahrung ein Teil des sich permanent erweiternden Universums. Jede Erfahrung trägt dazu bei, dass das Universum expandiert.

Jeder hat sich seine Rolle für diese Inkarnation ausgesucht und spielt sie. Es gibt kein besser oder schlechter. Im nächsten Leben werden die Rollen neu verteilt, denn jede Erfahrung erweitert das große Bewusstsein.

Woran wir glauben, bleibt unsere freie Entscheidung. Das, was wir glauben, werden wir auch erfahren. Wohin wir unsere Energie richten, das wird sich manifestieren.

Die Ausrichtung in Bewusstsein, Selbstermächtigung und Wahrheit ist immer auch eine Ausrichtung in die Liebe. Wer sich für diesen Weg entschieden hat, wird frei.

## Maria Magdalena

Vieles deutet darauf hin, dass Maria Magdalena die spirituelle Gefährtin und Partnerin von Jesus war. Maria floh nach Jesus Kreuzigung mit dem Boot nach Saintes-Maries-de-la-Mer in Südfrankreich und lebte dann bis zu ihrem Tod in einer Grotte im Sainte-

Baume Massiv in der Provence. Sie ist in der Basilika von Saint-Maximin-la-Sainte-Baume begraben.

Maria Magdalena schrieb ihr Leben und die gemeinsame Lehre nieder, doch das Marien Evangelium gilt heute als verschüttet.

Ihr Einfluss auf Jesus Leben und auf seine Lehre wurde von der Kirche komplett aus den Überlieferungen entfernt, aus Maria Magdalena wurde eine Hure gemacht.

Was die Kirche aus der Lehre und dem Leben Jesus gemacht hat, bildet letztlich die Grundlage unserer Vorstellung von Weiblichkeit.

Durch das Auslöschen des Weiblichen in der Bibel wurde die kraftvolle Botschaft in ihrer Essenz verdreht.

Weiblichkeit, Körper und Fühlen wurde verteufelt. Die Menschen wurden der Erbsünde und der Schuld bezichtigt. Das heißt im Kehrschluss, dass nichts, was wir als Menschen jemals tun, gut sein kann.

Auch andere Religionen verdrehen die Essenz der Botschaft. Da unser Kulturraum jedoch christlich ist, erwähne ich hier explizit die Lehre von Jesus und Maria, die sehr wahrscheinlich einen männlichen und weiblichen Ursprung hat.

## Vertrauen

Nach dem Gesetz der Resonanz ziehen wir das an, was wir ausstrahlen. Versuchen wir aber zu kontrollieren, was wir in unser Leben ziehen, sind wir nicht im Vertrauen.

Erst wenn wir uns dem Leben hingeben, im tiefen Vertrauen, das immer genau das kommt, was wir zu unserem Wachstum benötigen, sind wir wirklich im Fluss.

Es geht also wieder um einen Tanz zwischen dem Bewusstsein in Bezug auf unsere eigenen Schatten und gleichzeitig dem tiefen Vertrauen in das Leben, welches uns immer zu jeder Zeit die richtige Erfahrung bringt.

Natürlich können wir bewusst manifestieren, was in unser Leben kommt. Doch dann sind wir in der Kontrolle und damit nicht im Fluss des Lebens und auch nicht im Vertrauen.

Am Ende wird immer das Leben, welches Chaos ist, entscheiden. Denn nur aus Chaos entsteht auch wieder Leben.

Diesem Leben zu vertrauen in tiefer Anbindung und Dankbarkeit und sich gleichzeitig auszurichten in Bewusstsein und Liebe ist der Tanz des Lebens.

## Das Netz der Gesellschaft

Unsere Gesellschaft setzt sich aus einem feinmaschigen Netz von Energien zusammen, welches die Menschen miteinander verbindet. Die Existenz und die Qualität dieses Netzes sind zum allergrößten Teil vollkommen unbewusst.

Jeder Mensch hat individuelle Qualitäten, welche er in dieses Netz einspeist und nur durch das Zusammenspiel aller Qualitäten trägt das Netz uns alle. Wurden in den letzten zweihundert Jahren vor allem Wille, hohe kognitive Fähigkeiten und Leistung anerkannt, so werden in Zukunft auch Intuition, Vision, Individualität, Herzenswärme und Emotionalität die Würdigung und Akzeptanz bekommen, die sie verdienen.

Denn das sind die Qualitäten, die unsere Gesellschaft verbinden, antreiben und zusammenhalten.

Jeder Mensch ist genauso, wie er ist, überlebenswichtig für die gesamte Schöpfung. Es gibt kein besser oder schlechter.

Alle Energien sind permanent in Austausch und befruchten sich gegenseitig. Nicht jede Qualität ist bei jedem Menschen in gleichem Masse vorhanden. Manche Qualitäten sind stärker ausgeprägt, andere sind schwächer ausgeprägt oder gar nicht vorhanden. Alles zusammen ergibt ein Ganzes.

**Die neue Zeit**

Es ist offensichtlich, dass die Vorstellung des ewigen ökonomischen Wachstums vollkommen widersinnig aller Gesetzmäßigkeiten auf dieser Erde läuft. Der Zenit ist überschritten.

Wenn wir den Turbo- Kapitalismus immer weitertreiben, der auf einer skrupellosen Ellbogen Mentalität gegenüber unserem eigenen Körper, unseren Mitmenschen und unserem Planeten basiert, werden wir nicht reüssieren.

Es wird nur in einem Miteinander funktionieren und das beinhaltet die Auflösung der alten patriarchalen Strukturen, unter anderem in Form der globalen Finanzkartelle und Riesenkonzerne, die sich schamlos an den Kräften der Gesellschaft bereichern, inzwischen zum großen Teil unter mithilfe unserer Politiker.

Je mehr unerlöste Schatten wir haben, um so steuerbarer sind wir und je weniger wir im Fühlen sind, umso ausgelieferter sind wir den Fake News, den virtuellen Welten und der künstlichen Intelligenz.

In einer Zeit, die von Digitalisierung und KI gesteuert sein wird und in der wir Informationen aus dem Netz aufgrund von Bildern ausgeliefert sein werden, wird es unser höchstes Gut sein, uns zurückzubesinnen auf unsere natürliche Verbundenheit, um echt von artifiziell unterscheiden zu können.

Diese Herausforderungen werden wir nur meistern können in der Gemeinschaft. Wir müssen verstehen, dass die Lösung nicht in der Uniformität liegt, sondern in Diversität, Vernetzung und Ergänzung.

Haben in den letzten zweihundert Jahren Denkvermögen, Spezialisierung, Konkurrenz und Leistung des Einzelnen immense Erkenntnisse gebracht, so ist es jetzt an der Zeit sich umzubesinnen, zurück zu Körperlichkeit, Naturverbundenheit, Gemeinschaft und Miteinander.

Wir brauchen deshalb vollkommen neue Gesellschafts- Strukturen, die fernab der überdrehten Spirale des Neoliberalismus auf einem gesunden sozialen Gefüge, Chancengleichheit, Transparenz, Integrität und Kommunikation aufbauen.

Wir brauchen einen radikal neuen Ansatz für unser Zusammenleben, in denen kleine Gruppen allen Alters zusammenwirken und sich selbst versorgen.

Wir brauchen ganzheitlichen Therapie Ansätzen für Körper und Seele und ein Gesundheitssystem, in dem sich neue Technologie mit Naturheilkunde und einem allumfassenden Wissen über Körper und Seele verbindet.

Wir brauchen Schulen, in denen nicht Formeln und Fachwissen aus separierten Fächern in die Köpfe gehämmert werden, sondern ein modernes Bildungssystem, in dem Kinder spielen und neugierig sein dürfen. Schulen, in denen Kinder alters- und typgerecht begreifen dürfen, wie alles miteinander verbunden ist.

Wir brauchen Bildungsinstitutionen, in denen Kinder entsprechend ihrer Veranlagung unterrichtet werden und in denen gewaltfreie Kommunikation und Konfliktlösung Pflichtfächer sind. Wir brauchen Unterricht, in denen Kinder ihr unterschiedlich kreatives Potential entfalten dürfen.

Allen voran aber steht eine Umverteilung von Vermögen und die Zerschlagung der großen Finanzkartelle weltweit. Es kann nicht sein, dass inzwischen einige wenige Superreiche die Welt regieren auf Kosten der restlichen Bevölkerung und das die Spaltung zwischen reich und arm immer weiter auseinander geht. Die Vernetzung von Politik und Bankenwesen muss aufhören.

Eine Gesellschaft, die so extrem auf Leistung und Denken ausgerichtet ist, und in der kein Raum und keine Zeit mehr für das Fühlen gegeben wird, kann gar nicht mehr spüren, ob sie auf dem richtigen Weg ist.

Wenn jeder Impuls des Körpers sofort mit Medikamenten oder Drogen betäubt wird, kann uns der Körper keine Richtung zeigen.

Um zu fühlen, wer wir sind und was wir brauchen, benötigen wir Ruhe und Zeit. Die müssen wir uns nehmen. Erst wenn wir wieder ins Fühlen kommen, haben wir den Kompass für unser Leben.

Noch scheint unsere Gesellschaft nicht reif, frei von toxischem Muster und Strukturen zusammenzuleben. Im Gegenteil, wir werden im Moment erzogen, nicht mehr selbst zu denken und unsere Individualität und intellektuelle Integrität aus Angst vor Diffamierung zu unterdrücken.

Feindbilder werden gefüttert, Kriege werden zur Normalität, Uniformität zum neuen Mantra und freie Meinungsäußerung wird angstbesetzt. All das kann nur geschehen, wenn wir unbewusst bleiben.

Wir wiederholen unsere Gedankenmuster, Traumata, Prägungen und Projektionen im

Großen, weil wir sie im Kleinen nicht erlöst haben.

Eine Gesellschaft, die so extrem im Kopf ist, hat sich vom Fühlen und von der Realität abgespalten. Eine virtuelle Ersatzwelt verhindert immer den Bezug zum echten Leben.

## Schlusswort

Wir alle sind spirituelle Wesen, die eine menschliche Erfahrung machen, um zu wachsen. Erhöhen wir unsere Schwingung, erhöht sich gleichzeitig die Schwingung unserer Erde.

Im Quantenfeld ist alles möglich. Wir ziehen das in unser Leben, wohin wir uns ausrichten und was wir an Schwingung und Resonanz aussenden.

Jede Erfahrung, jeder Prozess, jede Form von Beziehung und Sexualität ist von Mensch zu Mensch unterschiedlich.

Es gibt keine allgemeingültige Anleitung. Es gibt aber grundlegende uralte Gesetze und Weisheiten, auf die wir uns zurückbesinnen dürfen, um durch das Chaos in die neue Zeit zu kommen.

Konfrontieren wir unsere Gefühle, sehen wir die Vergangenheit anders und bekommen dadurch einen neuen Blick auf das Jetzt.

Zudem erschließen wir uns weitere Ressourcen, um mit den Herausforderungen des Lebens umzugehen. Das Bild im Außen wandelt sich, weil sich unser inneres Bild erweitert hat.

Ich glaube, dass wir durch unsere Geschichte in Deutschland ein kollektiv tief verankertes Schuld- und Schamgefühl haben, was ein gesundes Selbstverständnis unseres Wertesystems in Bezug auf unsere Kultur verhindert.

Zudem verstärkt die typisch preußische Art in Form von Tüchtigkeit, Gründlichkeit, Disziplin und Perfektionismus eine Nachlässigkeit gegenüber dem eigenen Körpergefühl, unserem Fühlen und unserer Emotionalität.

Interessanterweise ist es so, dass Familienkonstellationen, Traumata und Veranlagungen des Menschen in einem Horoskop schon mit dem Zeitpunkt der Geburt abzulesen sind. Somit haben wir uns offenbar schon vor Lebenseintritt eine Strecke ausgesucht, auf welcher wir unsere Erfahrungen hier machen wollen.

Wie wir uns diesen Weg erschließen, welche Abzweigungen wir nehmen wollen und was wir daraus lernen, liegt allerdings allein bei uns.

Auch die Erde ist ein Wesen. Die Transformation dieser Erde auf eine höhere Schwingung in Richtung Liebe hängt proportional von unserer Bereitschaft ab, zu wachsen und zu transformieren. Jeder erwachte Mensch zieht automatisch sein Umfeld mit, da wir alle miteinander in Resonanz sind.

Meiner Meinung nach ist der Umbruch in eine höhere Frequenz nicht mehr aufzuhalten. Die Entscheidung, ob wir diesen Weg mitgehen oder aussteigen, liegt jedoch bei jedem einzelnen.

Dies ist eine sehr besondere Zeit, die es so noch nicht gab.

Wir sind also tatsächlich die Veränderung.

# Teil 2 - Praktische Übungen

## Körpergefühl

Um ein besseres Gefühl für den Körper zu bekommen, macht es Sinn, nach dem Aufstehen und während des Tages den Fokus immer mal wieder auf das Spüren zu legen.

Dazu drei Minuten Auszeit nehmen, atmen, Fußsohlen auf den Boden stellen und sich in der Erde wurzeln. In sich hineinspüren. Im Jetzt bleiben.

Sinne schärfen:

Was riechst Du? Was hörst Du? Wie fühlt sich Deine Haut an? Was nimmst Du an Farben wahr?

Wie spürst Du Deinen Körper? Bist Du entspannt? Tut etwas weh? Ist eine Stelle taub?

Hörst Du auf Deine Körperreaktionen, auch wenn Du mit anderen Menschen zusammen bist? Vertraust Du Deiner Wahrnehmung? Kannst Du formulieren, was Du brauchst, um Dich gut in Deinem Körper zu fühlen?

## Auszeit am Morgen

Fünfzehn Minuten direkt nach dem Aufstehen absolute Ruhe halten. Kein Handy, kein PC, kein Fernseher, kein Radio. Keine Zeitung.

Diese Zeit allein verbringen. Im Zweifelsfall früher aufstehen, um sich diese Auszeit zu gönnen.

Im Jetzt sein. In sich hineinspüren. Füße in den Boden wurzeln. Erden. Wahrnehmen. Atmen.

Papier und Stift zurechtlegen.

Wie fühle ich mich? Sind Emotionen da? Was will ausgedrückt werden? Alles aufschreiben, ohne zu korrigieren.

## Atemübung 1

Entspannt hinsetzen, Schultern nach unten fallen lassen und die Fußsohlen auf den Boden setzen. Wurzeln aus den Füssen in den Boden wachsen lassen. Einatmen über das Brustbein und Zwerchfell bis tief hinunter in den Bauch und dabei bis acht zählen, dann ausatmen aus dem Bauch über das Zwerchfell und den Brustkorb, dabei nochmal bis acht zählen.

Die Übung 25 Atemzüge wiederholen.

Danach dieselbe Übung wiederholen und beim Einatmen positive Energie einatmen und beim Ausatmen alle negativen Gedanken und Emotionen ausatmen und loslassen.

**Atemübung 2**

Folgende Atemübung kannst Du überall und jederzeit machen, um wieder in Deine Mitte zu kommen:

Einatmen und dabei langsam bis vier zählen, Atem anhalten und dabei langsam bis vier zählen. Ausatmen und dabei langsam bis vier zählen, leer bleiben und dabei langsam bis vier zählen, dann wieder einatmen und dabei langsam bis vier zählen... usw.

Diese Übung zehn bis fünfzehn Mal wiederholen.

## Atemübung 3

Durch die linke Nase einatmen und das rechte Nasenloch dabei zuhalten, dann durch das rechte Nasenloch wieder ausatmen und das linke Nasenloch dabei zu halten, dann durch das rechte Nasenloch einatmen und das linke Nasenloch dabei zu halten und danach durch das linke Nasenloch wieder ausatmen und das rechte Nasenloch dabei zu halten.

Die Übung zwanzig Mal wiederholen.

## Dankbarkeitsübung

Einmal am Tag aufschreiben, für was Du dankbar bist. Zum Beispiel: die warme Sonne am Morgen, die reine Luft, die Du einatmest. Deine Gesundheit. Der köstliche Tee am Morgen, der schöne Film gestern Abend. Deine Freunde. Deine Fähigkeit Klavier zu spielen...

Immer wieder Dankbarkeit in den Tag einfließen lassen. Das Herz dabei öffnen. Die Fülle spüren.

## Thymusdrüse klopfen

Einmal am Tag kurzes, sanftes Klopfen im regelmäßigen Rhythmus ca. 30 Sekunden lang auf die Brustbeinmitte, um die Thymusdrüse zu stärken. Die Thymusdrüse steuert die Immunabwehr im Körper.

**Date mit Dir**

Einmal in der Woche eine Stunde nur mit Dir selbst verbringen ohne Social Media, Fernseher, Radio, Telefon oder eine andere Ablenkung.

Schreiben, malen, spazieren gehen, singen, backen, kochen oder tanzen. Eine Wanderung machen. In das Museum gehen. Ein Buch lesen. Blumen pflücken.

Etwas tun, was Dir Spaß macht.

## Persönliche Ziele

Eine Liste machen mit zehn Dingen, die Du noch machen willst. Unterteile Deine Ziele in die Zeitspannen von einem Jahr, drei Jahren und fünf Jahren.

Die Liste gut sichtbar in der Küche anbringen.

Wirkt ein Ziel aus Zeitgründen oder finanziellen Gründen vollkommen unerreichbar, einen kleinen Teil des Ziels innerhalb des ersten Jahres umsetzen.

Beispiel: Ziel ist es, ein Jahr in Italien zu leben und die Sprache zu lernen. Aus dem Jahr werden zwei Wochen Urlaub in Italien mit Sprachkurs innerhalb von einem Jahr.

**Die Übung ausweiten**: aus mehreren Magazinen Bilder ausschneiden, die Deine drei Dir wichtigsten Ziele visuell darstellen. Aus den Bildern eine große Collage anfertigen und verzieren. Das fertige Poster gut sichtbar aufhängen.

## Visualisieren

Nachdem die Collage fertig ist, jeden Morgen nach dem Aufwachen und jeden Abend vor dem Schlafengehen Dein erstes Abenteuer visualisieren, indem Du Dir vorstellst, dass Du es bereits erreicht hast. Wie fühlt sich das an?

In diesem Gefühl jeden Morgen und Abend bleiben. Wenn möglich, diese Übung über den Tag ausweiten. Immer wieder fühlen, wie es wäre, wenn Du das Ziel bereits erreicht hättest. Dein Fühlen immer wieder mit Deiner visuellen Vorstellung synchronisieren. Wenn möglich, Dankbarkeit einfließen lassen. Entspannt beobachten, was passiert.

**Herzöffnung**

Sich in einem stillen Raum zurückziehen. Ruhig atmen. Füße erden. Körper entspannen. Auf das Herz fokussieren. Liebe und goldenes Licht in das Herz einatmen und das Herz dabei ausweiten. Alle Verletzungen und Enttäuschungen aus dem Herz ausatmen und an den Himmel übergeben. Die Übung mindestens fünf Minuten durchführen.

Wahrnehmen, wie das Herz weich wird und sich öffnet.

*Wer möchte kann Maria Magdalena dazu bitten. Ihre Wärme und Güte wahrnehmen.*

## Akzeptanz

In einer schwierigen Situation nicht ausweichen. Ruhig im Hier und Jetzt bleiben. Sich erden, den Atem zentrieren und alle Gefühle ohne Bewertung wahrnehmen.

In jedes der Gefühle atmen und es willkommen heißen wie einen vermissten Freund. Jedes Gefühl darf da sein. Es gibt kein besser oder schlechter.

In der Wahrnehmung bleiben. Atmen. Nur beobachten, wie sich das Gefühl verändert, wenn wir es ohne Bewertung zulassen.

Nach und nach werden die Gefühlswellen schwächer, bis sie nachlassen.

## Energetisch reinigen

Nach einem anstrengenden Tag in die Badewanne legen und Himalaya Salz vermischt mit Rosenöl dazu geben. Das Salz reinigt die Energien, das Öl pflegt die Haut.

Alternativ ein Salzpeeling unter der Dusche machen.

## oder

Einen imaginären Wasserfall aus weißem Licht visualisieren, sich darunter stellen und energetisch reinigen lassen. Die Engel bitten, alle Fremdenergien zu lösen. Durch alle Chakren des Körpers gehen und noch einmal mit Licht nachreinigen. Danach in Dankbarkeit und Liebe mit goldenem Licht das Herz reinigen.

## Loslassen

Papier, Stifte, Streichhölzer und eine feuerfeste Schale bereitstellen. Alternativ dazu eine Schere bereitlegen. Auf den Zettel alles schreiben, was Du loslassen möchtest. Den Zettel in die feuerfeste Schale legen.

Sich für die Erfahrung bedanken, was auch immer es war. Den Zettel in der Schale verbrennen oder alternativ in viele kleine Papierschnipsel zerschneiden und im Garten oder in der Natur vergraben.

## Der Brunnen

Einen ruhigen Raum aufsuchen und etwas Zeit ohne Störung einplanen. Mit den beiden Armen einen Kreis formen und wie eine Brunnenöffnung vor Deinen Körper halten.

Alle Gefühle und Emotionen wahrnehmen, die von Dir kommen oder die Du von anderen übernommen hast und durch die Arme in Richtung Erde abfließen lassen. Ruhig atmen. Sich für die Erfahrung bedanken und die Übung beenden.

## EMDR - Übung

Um ein belastendes Erlebnis aufzulösen auf einen Stuhl setzen und die beiden Füße fest auf den Boden stellen.

Atmen. Die Augen öffnen, an das belastende Erlebnis denken, geradeaus blicken.

Mit der rechten Hand im Abstand von ca. 30 cm vor den Augen von rechts nach links und wieder zurück jeweils bis zum Ende des Blickfeldes wischen.

Mit den Augen der Hand folgen, den Kopf gerade ausgerichtet lassen. Ruhig atmen. Dabei weiter an das Erlebnis denken.

Diese Übung eine halbe Minute lang durchführen. Dann die Richtung der Handbewegung ändern.

Am Ende der Übung tief ausatmen.

## Mann und Frau

Deinen inneren Mann und Deine innere Frau einladen. Wir bestehen jeweils aus beiden Energien. Deinen inneren Mann rechts von Dir hinstellen und sein Herz mit goldenem Licht reinigen. Deine innere Frau links von Dir hinstellen und ihr Herz mit goldenem Licht reinigen. Beide Herzen miteinander verschmelzen. Den Tanz der Energien beobachten.

Deinen inneren Mann klar und ruhig ausrichten im Geist, ihn verbinden mit dem höheren Prinzip. Deine innere Frau tief in den Unterleib einsinken lassen und in der Erde wurzeln. Beide Energien im Herzen synchronisieren und verschmelzen.

## Der Tresor

Eine Stunde Zeit ohne Störungen einplanen. Auf einen bequemen Stuhl setzen.

Die Augen schließen. Einen Tresorraum visualisieren mit einem großen Tresor, der über eine dicke Tür und mehrere Schlösser verfügt.

Ein belastendes Ereignis, welches im Moment schwierig zu verarbeiten ist, gedanklich in eine Kiste packen und diese Kiste in den Tresor legen. Den Tresor gut verschließen.

Die Kiste wird wieder ausgepackt, wenn die Zeit dafür reif ist. Die Schlüssel gut aufbewahren an einem sicheren Ort. Die Augen wieder öffnen.

## Der sichere Ort

Einen ruhigen Raum aufsuchen. Eine Stunde Zeit ohne Störungen einplanen. Dich auf ein Sofa legen oder eine Decke mit Kissen auf den Boden ausbreiten und Dich dort hinlegen. Die Augen schließen.

In Gedanken einen Ort visualisieren, der vollkommen sicher ist und an dem es keinen Stress, keine Gefahr und keine Störungen gibt.

Der Ort kann irdisch oder in einer Phantasiewelt sein. Wichtig ist, dass dieser Ort für Dich absolut sicher und schön ist.

Diesen Ort kannst nur Du besuchen und Du kannst dort verweilen, solange Du möchtest. Die Ruhe und Sicherheit dort auf Dich wirken lassen. Versuche, Dich dort zu entspannen.

Danach bewusst zurück kehren in das Hier und Jetzt.

## Meditationsübung

Meditation ist ein tiefes Einsinken im Jetzt. Da es sehr schwierig ist, nicht zu denken, fangen wir an, indem wir uns Zeit nehmen, unsere Gedanken zu beobachten.

Einen ruhigen Raum aufsuchen. Eine halbe Stunde Zeit ohne Störung einplanen. Dich auf einen Stuhl setzen und die Füße auf den Boden stellen oder Dich auf ein Kissen im Yoga- Sitz niederlassen. Die Schultern entspannen. Tief und gleichmäßig atmen. Die Augen auf einen festen Punkt im Raum richten.

Deine Gedanken beobachten. Immer tiefer einsinken in die Stille und das Sein. Nach und nach auch das Beobachten der Gedanken loslassen und noch tiefer einsinken in das Jetzt. Atmen. Dort verweilen.

## Wahrnehmung

*Diese Übung kann mit einem Freund, Partner, Kollegen, Nachbarn oder Familienmitglied durchgeführt werden. Wir werden uns dadurch unserer eigenen Interpretationen und Filme im Kopf bewusst, die wir auf den anderen projizieren.*

Das Gegenüber komplett im Jetzt wahrnehmen, ohne Referenzen zur gemeinsamen Geschichte. Die Handlungen und Worte des anderen ohne eigene Bewertung und Interpretation zur Kenntnis nehmen. Im Moment bleiben. Deine eigenen emotionalen Reaktionen bewusst wahrnehmen und nicht ausagieren. Atmen. Komplett wertfrei bleiben.

*Beobachte:* Was nimmst Du bei Dir wahr? Wo nimmst Du es wahr? Wie fühlt sich das im Körper an?

Wozu bist Du in Resonanz? Wo sind Deine eigenen Trigger?

Kannst Du den anderen wertfrei so annehmen, wie er ist und dabei gleichzeitig mit Dir verbunden bleiben? Kannst Du Dein Herz dabei offenhalten?

*Die hier vorgestellten Übungen ersetzen keine Therapie und keine ärztliche Behandlung.*

*Die Durchführung erfolgt auf eigene Gefahr. Für Folgen wird keine Haftung übernommen. Bei akuten Problemen bitte sofort einen Arzt oder Therapeuten aufsuchen.*

## Referenzen

*Chuck Spezzano: Emotionale Reife

*Dr. Gabor Mate: Wie unsere Gesellschaft uns krank macht und traumatisiert – Neue Wege zur Heilung.

*Joseph Campbell: The Hero´s Journey

*Louise Hay: Gesundheit für Körper und Seele

*Marshall B. Rosenberg: Gewaltfreie Kommunikation

## Buch Empfehlungen

Eckhart Tolle: Leben im Jetzt

David Schnarch: Die Psychologie sexueller Leidenschaft

David Deida: Der Weg des wahren Mannes

Dr. Gabor Mate: Vom Mythos des Normalen

Chuck Spezzano: Relationship Emergency Kit

Erika J. Chopich: Aussöhnung mit dem inneren Kind

Kati Körner: Wenn ich Dich brauche, um mich selbst zu lieben

Julia Cameron: Der Weg des Künstlers

Peter A. Levine: Wie Sie seelische und körperliche Blockaden lösen

Jeanne Ruland & Marion Hellwig: Maria Magdalena

Dr. med. Michael Nehls: Das indoktrinierte Gehirn

## Dank

Dieses Buch wäre nicht entstanden ohne einige Menschen, die meine Sichtweise auf unsere Welt in den letzten fünfzehn Jahren nachhaltig beeinflusst und geprägt haben.

Danke an Georg Solbach, Gernot Müller, Joy Wasem und Jasmin Wolff für die Einführungen und Lehren in die tiefen Einsichten über die Energien und Gesetze auf dieser Welt.

Danke an Christiane und Alexander Sautter, die mich schon sehr früh auf Trauma und traumatische Verstrickungen in Familien und Partnerschaften aufmerksam gemacht haben.

Und vielen Dank an Stephanie Orion und Constanze Lippert für die unzähligen Lehrstunden in Hingabe und Akzeptanz an das, was ist.

Danke an all meine Herzensmenschen, die diesen Weg mit mir gehen. Wie schön, dass es Euch gibt.

## Über die Autorin

Nina Maag ist eine international renommierte Film Produzentin, zertifizierter Life- und Business Coach und Autorin. Sie lebt und arbeitet in München und in Südfrankreich.

2020 gründete sie ihr Herzens- Projekt, **White Tiger Empowerment**, ein exklusives Programm, mit welchem sie ihre Klienten zurück in den Körper führt und dadurch in das Fühlen und in die eigene Selbstermächtigung bringt.

Immer nah am Zeitgeist mit unkonventionellen Themen und zum Teil visionären Sichtweisen, bündelt sie ihr großes Talent, Menschen zu inspirieren, Inhalte zu vermitteln und Denkanstöße zu setzen, nun auch in ihrem Schaffen als Autorin.

2022 begann sie über ihre spirituelle Arbeit zu schreiben und verfasste unter anderem das Buch *Das Fühlen der Wirklichkeit*.